Heinz Erhardt

Viel Glück!

mit Bildern von
Gerhard Glück

LAPPAN

2 3 4 5 6 07 06 05 04

Lektorat: Peter Baumann
Gesamtherstellung: Proost International Book Production
Printed in Belgium
ISBN 3-8303-4118-0

Glücklich ist der Mensch zu preisen, der – angetan mit einem Regenmantel – durch den strömenden Regen geht und das Gefühl hat, durch meinen Mantel geht nichts durch. Dieser Mensch hat Humor! Humor ist nichts anderes als ein undurchlässiger Regenmantel und es ist nur bedauerlich, dass Regenmäntel immer so verregnet aussehen.

Humor kommt von Humus, ohne den bekanntlich nichts gedeihen kann. Aus Humus ist dann Homo entstanden und der liebe Gott muss damals viel Humor gehabt haben, als er den Homo sapiens schuf. Denn gibt es etwas Komischeres als den Menschen?

Aus einiger Entfernung sieht der Mensch manchmal wie ein richtiger Mensch aus. Aber während das Weihnachtsfest zum Beispiel uns immer näher kommt, kommen sich die Menschen niemals richtig näher. Sie haben Angst voreinander. Ist das nicht komisch?

Guten Start

Das Glück

Siehst du das Glück, lauf hinterher.
Sei dazu – nicht zu träge.
Bedenk – das Glück geht meist
recht eigenart'ge Wege.
Wenn du mit Laufen nichts erreichst,
so kriech, wenn man dich kriechen lässt.
Gib niemals auf, greif nach dem Glück.
Und hast du Schwein – dann halt es fest.

An die Bienen

Bienen! Immen! Sumseriche!
Wer sich je mit euch vergliche,
der verdient, dass man ihn töte!
Dass zumindest er erröte!
Denn, wie ihr in Tal und Berg schafft
ohne Zutun der Gewerkschaft,
ohne dass man euch bezahle,
ohne Streik und Lohnspirale,
täglich, stündlich drauf bedacht,
dass ihr für uns Honig macht,
ihr seid 's wert, dass man euch ehre!
Wobei vorzuschlagen wäre –
ob nun alt ihr, ob Novizen –
euch von heute ab zu siezen!

Nur Insekten haben noch Zukunft!

Der Sittenstrolch

Das wäre schön

Ich glaube, manche junge Frau,
die würd vor Glück zerspringen,
würd ihr der Klapperstorch zum Kind
auch gleich den Vater bringen.

Das Steckenpferd

Der eine liebt Konkretes nur,
der andre das Abstrakte,
der Dritte schwärmt für die Natur
und deshalb für das Nackte.
Der Vierte mag nur Fleisch vom Schwein,
der Fünfte Milch und Eier,
der Sechste liebt den Moselwein,
der Siebte Fräulein Meier.
Für jeden gibt es was von Wert,
für das er lebt und streitet,
und jeder hat sein Steckenpferd,
auf dem er immer reitet.

Kandinsky gilt in Fachkreisen als kompliziert und sensibel, was Mondrian den Sieg erleichtern könnte.

Auch nach diesem Mittagsschläfchen verdrängte Oberstudienrat Arnulf Triebbein die permanente Frage nach seiner Identität

Sabinchen

Da war ein schneeweißes Karnickel,
das hatte einen schwarzen Pickel
auf der Nase.
Sprach der Hase:
»Liebe Base,
das geht so nicht mit deiner Warze!
Es kommt ein Jäger, trifft ins Schwarze!
Du musst den Pickel heller färben,
dann lebst du lang ohne zu sterben!«
Das tat denn auch sofort Sabinchen
(so nämlich hieß dieses Kaninchen)
und lebte lange ungestört …
Wie gut, wenn man auf andre hört!

Die Fliege

Eine Fliege flog zum Flügel,
huschte leis über die Tasten,
um dann auf dem »gis« zu rasten.
Doch nur zwei Sekunden währte
dieser Aufenthalt, dann kehrte
sie zurück zu ihrer Sippe
und erzählte unumwunden,
sie hätt' den guten Ton gefunden.

Entschuldigung! Ich hab' mich im Zimmer geirrt, ich wollte zu meiner Großmutter!

Der alte Wolf

Auch 'n Märchen

Der Wolf, verkalkt und schon fast blind,
traf eine junge Dame:
»Bist du nicht *Rotkäppchen,* mein Kind?«
Da sprach die Dame: »Herr, Sie sind …!« *
»*Schneewittchen* ist mein Name!«

»Schneewittchen? Ach, dann bist du die
mit diesen *7 Raben?*«
Sie antwortete: »Lassen Sie
sich lieber gleich begraben!
Mit 7 *Zwergen* hatt' ich mal
zu tun – das waren nette …!«
»Ach ja! Du durftest nicht zum Ball,
und *Erbsen* waren nicht dein Fall,
besonders nicht im Bette …!«

Da lachte sie hell ha-ha-ha,
dann: »Darf ich Sie was fragen?
Sie fraßen doch die *Großmama,*
wie hab'n Sie die vertragen?«

»Das ist nicht wahr, dass ich sie fraß,
ich krümmte ihr kein Härchen!
Die Brüder *Grimm*, die schrieben das
für kleine Kinderchen zum Spaß –
das sind doch alles Märchen …!«

*»… wohl blöd?« wollte sie sagen. Aber so etwas *denkt* eine Dame nur!

Hund und Herrchen

Egal, von welcher Art und Rasse,
ob tief er bellt, ob hoch er kläfft,
der Hund macht alles auf der Straße –
und auf die Straße sein Geschäft.
Die Katze ist da etwas feiner:
Sie hat ihr Klo, auf das sie geht
und wie sie liebt, das sah noch keiner –
man hört es höchstens, abends spät.
Der Hund dankt stets für jede Strafe,
er leckt die Hand, die ihn versehrt.
Er ist des Herrchens treuster Sklave –
doch meistens ist es umgekehrt.

Trieb und Moral

Herr F. erläutert Fräulein K. mit ganz einfachen Mitteln, wie chaotisch sein bisheriges Leben war.

Erläuterung

Ich hatte großes Glück bei Frau'n.
Ja – mir gefiel fast jede.
Man sieht hieraus, wie alt ich bin,
weil ich gern drüber rede.

Das Weidenrösslein

(Nicht ganz so frei nach Joh. Wolfg. Amad. v. Goethe)

Sah ein Knab ein Rösslein stehn,
Rösslein auf der Weiden.
War schon alt und gar nicht schön
und es konnte kaum noch sehn,
doch er sah 's mit Freuden.
Rösslein, Rösslein, Rösslein braun,
Rösslein auf der Weiden.

Knabe sprach: »Wie schön ist 's heut,
Rösslein auf der Weiden!
Keine böse Wolke dräut,
alles ist voll Heiterkeit
und die Luft ist seiden.
Rösslein, Rösslein, Rösslein braun,
Rösslein auf der Weiden!«

Rösslein sah ihn traurig an,
Rösslein auf der Weiden:
»Dort kommt schon der Bauersmann,
spannt mich vor den Wagen an,
schlägt mich mit der Peitsche dann,
bis ich nicht mehr weiterkann –
muss so viel erleiden . . .!«
Rösslein, Rösslein, Rösslein braun,
Rösslein auf der Weiden.

Es gab keinen Zweifel mehr, Billy the Kid war in der Stadt!

In England regnet es oft Katzen und Hunde.

Himmlisch

Möge der Himmel seine Geigen
über alle Glücklichen ausschütten.

Nee, das geht nicht

Das Meer – wenn ich schon drüber spreche –
hat eine feuchte Oberfläche,
die, finden keine Stürme statt,
stets ruhig daliegt, groß und glatt.
So weit wär alles schön und gut.

Doch was sich *unter* Wasser tut,
das zu erzähln sträubt sich die Feder:
Es frisst den andern auf ein jeder!
Je größer so ein Fisch, je kesser!
Dort toben Kämpfe bis aufs Messer!

(Was ganz der Wahrheit nicht entspricht,
denn *Fisch mit Messer* geht ja nicht!)

Irgendwie ist heute nicht Emmas Tag!

Anton lügt!

Die polyglotte Katze

Die Katze sitzt vorm Mauseloch,
in das die Maus vor kurzem kroch
und denkt: »Da wart' nicht lang ich,
die Maus, die fang' ich!«

Die Maus jedoch spricht in dem Bau:
»Ich bin zwar klein, doch bin ich schlau!
Ich rühr mich nicht von hinnen,
ich bleibe drinnen!«

Da plötzlich hört sie – statt »miau« –
ein laut vernehmliches »wau-wau«
und lacht: »Die arme Katze,
der Hund, der hatse!
Jetzt muss sie aber schleunigst flitzen,
anstatt vor meinem Loch zu sitzen!«

Doch leider – nun, man ahnt 's bereits –
war das ein Irrtum ihrerseits,
denn als die Maus vors Loch hintritt –
es war nur ein ganz kleiner Schritt –
wird sie durch Katzenpfotenkraft
hinweggerafft! – – –

Danach wäscht sich die Katz die Pfote
und spricht mit der ihr eignen Note:
»Wie nützlich ist es dann und wann,
wenn man 'ne fremde Sprache kann ...!«

Es ist nicht alles Gold, was glänzt

Oft glänzt der Himmel strahlend blau
und oft glänzt eine Hose,
oft glänzt die Nase einer Frau
vor dem Gebrauch der Puderdose.
Durch Abwesenheit glänzt das Glück!
Durchs Bohnern glänzt die Diele –
man rutscht drauf aus und bricht 's Genick!
(Zu großer Glanz ist nichts für viele!)

Steinwäscher

Auf dem Weg zum Maskenball

Der Affe

(lat. apis modernicus)

Im Gegensatz zu einer verbreiteten Auffassung stammt der Affe vom Menschen ab, was an seiner fortschrittlichen Haltung unschwer zu beweisen ist.

1. Der Affe ist schon vor geraumer Zeit wegen der Umweltverschmutzung und ihrer Folgen auf die Bäume geflüchtet. Von den Baumwipfeln herab hat er eine prächtige Fernsicht.

2. Der Affe bedient sich bei der Fortbewegung auch der Arme. Auch er hat erkannt, dass sich bei der Benutzung aller vier Bewegungsgliedmaßen die Sprungkraft und die Schnelligkeit verdoppeln.

3. Der Affe verzichtet aus Gründen der Menschlichkeit seit langem auf Fleischnahrung. Durch seine rein vegetarische Kost benötigt er keine Schlachthöfe mehr und erkrankt auch nicht an den Spritzen und Giften, die den Schlachttieren kurz vor ihrem grässlichen Tod verabreicht werden.

4. Der Affe führt auch keine Kriege mehr, seit er dem Christentum abgeschworen und sich Allah zugewandt hat. So tötet er nicht nur nicht seine Mitaffen, sondern betreibt Vielweiberei, um damit ein Anwachsen der alten Jungfern zu verhindern.

Es ist nur zu wünschen, dass der Fortschritt vom Menschen zum Affen auch weiterhin so stetig bleibt.

Der Saurier

Es war einmal ein schauriger,
urzeitgemäßer Saurier.
Er wohnte tief in den Morästen
und hatte keinen Drang nach Westen,
auch nicht nach Süden,
nicht nach Norden,
drum war auch nichts aus ihm geworden.
So sehr man es bedauerte,
der Saurier versauerte.
Da er auf jeglichem Gebiete
nichts weiter war als eine Niete,
beschloss er kurz, sich zu verfärben
und für die Nachwelt auszusterben.
Das war, fürwahr, ein trauriger
und zeitgemäßer Saurier!

»Sag ihm, hier gebe es nichts, wir seien auch schon ausgestorben!«

Die ersten Zugvögel sind zurück.

Der Spatz

Es flog ein Spatz spazieren
hinaus aus großer Stadt.
Er hatte all die Menschen
und ihr Getue satt.

Er spitzte keck den Schnabel
und pfiff sich was ins Ohr.
Er kam sich hier weit draußen
wie eine Lerche vor.

Er traf hier auch manch Rindvieh,
sah auch manch Haufen Mist …
Er sah, dass es woanders
auch nicht viel anders ist.

Ei vor Ostern

Heute in einer Woche ist Ostern! Das ist an sich nichts Besonderes, denn das kam in den vergangenen Jahren auch schon mal vor, dass nach einer Woche Ostern war …

Auch in diesem Jahr wird man auf das Osterei ein besonderes Gewicht legen, was aber nur vorsichtig geschehen darf, da Eier überaus empfindlich sind und ein besonderes Gewicht nicht ertragen können. Auch ihr hoher Preis ist kaum zu ertragen, weshalb den Eiern, wenn sie vor Wut kochen, oft genug der Kragen beziehungsweise die Schale platzt.

Aus dem einzelligen Ei entsteht jegliches Leben. Alle werden aus einer Zelle geboren, manche sterben sogar in einer Zelle.

Wie wichtig das Ei ist, kann man aus der Tatsache ersehen, dass es im Englischen als einzige Vokabel groß geschrieben wird – wie zum Beispiel in dem Satz *I love you*, zu Deutsch: Das Ei liebst du. Lässt der Engländer das Ei fallen, so sagt er: *I love you very much*, zu Deutsch: Das Ei liebst du sehr matschig, oder frei übersetzt: Du liebst Rührei.

Bei Rührei muss ich immer an die Märchen denken, seien sie von Grimm oder von jemand Andersen. Ei, wie gerührt ist man, wenn plötzlich eine Fee erscheint und dem braven Kinde sagt, es habe einen Wunsch frei …

Ich habe nun den Wunsch, das nahende Osterfest mit einem kleinen Ostergedicht zu begrüßen:

Wer ahnte, dass zum Weihnachtsfest
die Adelheid mich sitzen lässt?

Das war noch nichts! Zu Ostern jetzt
hat sie mich ebenfalls versetzt!

Nun freu ich mich auf Pfingsten
nicht im Geringsten.

Wer nicht an den Osterhasen glaubt, sieht auch nicht dessen Probleme!

Amseln und Krähen sind etwas zu groß, aber mit Elfi, der Blaumeise, spielt Fritz B. gern mal eine Partie Federball.

Wirklich unerhört

Die Amsel drosselt
ihren lauten Sang.
Die Finken starten schon –
der Weg ist lang …
Die A- und Blaumeisen
sind ganz verstört,
auch sie finden das
wirklich unerhört ! ! !

Glückszahl

Wenn Sie, liebe Leser und Leserinnen, morgen früh das Bett verlassen, um sich erst einmal warm anzuziehen und sich dann eventuell sogar noch zu waschen, so vergessen Sie um Gottes Willen nicht, sich mit dem rechten Bein zuerst auf den Boden der Tatsachen zu stellen. Denn morgen – schauen Sie auf den Kalender – ist ein schwarzer Tag. Der 13. Februar. Die sehr Abergläubigen mögen sich einreden, es sei der 44. Januar – denn so könnte man es auch sagen und gegen die Vier hat niemand was, selbst wenn sie doppelt auftritt.

Anders ist es mit der Sieben.

Einst sah mal einer im Traum eine große Sieben. Er ging daher am 7. 7. zum Pferderennen. Und setzte im siebten Rennen sieben Mark auf das Pferd Numero 7.

Das Pferd ist tatsächlich als 7. durchs Ziel gegangen. So kann einem die Sieben alles versieben.

Vergeblich protestieren Tierschutzvereine gegen das englische Hunderennen.

Wie gern hätte Frank K. die bettelnden Fischlein gefüttert, aber er fürchtete die Folgen.

Fische

Es gibt viele Arten von Fischen – aber nur wenige Unarten, die sie nicht haben.
Teils bewegen sie sich an der Oberfläche – teils gehen sie in die Tiefe.
Man hat sie zum Fressen gern – besonders die Backfische.
Manch toller Hecht – eben sang er noch aus voller Kieme – zappelt plötzlich an der Angel.
Zu spät fallen ihm die Schuppen von den Augen.
Fische sind sehr sensibel. Werden sie beleidigt, so strecken sie die Seezunge raus und denken sich den Götz. Sie sind eben manchmal etwas barsch … Aber bald reichen sie ihrem Kontrahenten die Flosse – und alles ist wieder gut.
Manche Fische sind aalglatt – und es ist ihre Masche, durch eine Masche des Netzes, mit dem man sie fangen wollte, zu schlüpfen.
Einige nehmen das Maul etwas voll. Das ist nicht schlimm. Es ist nur Wasser.
Fische werden vom 20. Februar bis zum 20. März geboren – also im Mai gezeugt.
Ist es da ein Wunder, dass sie besonders liebevoll geraten sind …?

Ein Brief aus Hagenbeck

An Frau
Coco, geb. Cucu, verw. Fips
Urwald
Wenn man reinkommt: 3. Baum links,
4. Astwerk
– Afrika –

Papa, Mama und liebe Geschwister!
Erinnert ihr euch noch an den Mister,
der mich, als ich fröhlich am Aste hing,
fing? –
Das war ein Ding!
Der steckte mich einfach in einen Kasten!
Da saß ich nun drin und musste fasten!
Dann flog und fuhr ich lange Wege …
und nun wohn ich hier im Freigehege.
Wir sind zu sechst. Sind ganz verträglich,
bis auf den einen, der ist unmöglich!
Der kratzt sich immer am Arm, am Kiefer –
wahrscheinlich hat er Ungeziefer!
Ich hatte neulich 'nen Schnupfen gekriegt!
Ob das an diesem Eisbärn liegt
da drüben?
Ihr Lieben!
Das Essen ist hier reichlich und schmeckt!
Auch kommt kein Raubtier, das einen erschreckt!
Doch grauenhaft ist an jedem Tage
die *Menschenplage!*
Da strömen sie dann in rauen Mengen
und gucken und schieben und stoßen und drängen!
Und wenn ich auch ganz ruhig sitze,
sie lachen bloß und machen Witze
und reden nichts wie dummes Zeuch! –
Und wie geht's euch?

Euer Schimpi

DIE BESTEN
ZOO
WITZE
ZOO

Das Schlimmste ist eigentlich die Überwindung.

Die Schnecke

Mit ihrem Haus nur geht sie aus!
Doch heut lässt sie ihr Haus zu Haus,
es drückt so auf die Hüften.
Und außerdem – das ist gescheit
und auch die allerhöchste Zeit:
Sie muss ihr Haus mal lüften!

Viel Glück

Ich könnte manchmal vor Glück
eine ganze Allee von Purzelbäumen schlagen.

Schnüffelnd stellt Gertrude fest: »Unter uns lebt irgendein stinkreiches Schwein!«

Das Hausschwein im Paradies

Die Dicken sind es, die sich seit Julius Cäsar, der bekanntlich eine Schwäche für starke Männer hatte, größter Wertschätzung erfreuen, weil sie gutmütig, hilfreich und freundlich sind. Man sollte deshalb manchem Beamten eine Schwerstarbeiterzulage bewilligen, nicht, weil er schwer arbeitet, sondern aus dem anderen Grunde.

Nehmen wir zum Beispiel die Schlange. Sie ist lang und dünn und kann sehr giftig sein, einerlei, ob man sie im Walde antrifft oder vor einer Kasse im überfüllten Selbstbedienungsladen.

Wieviel liebenswerter dagegen sind unsere rundlichen Hausschweine! Selbst nach ihrem seligen Ende spricht man freundlich von ihnen, weil man sie zum Fressen gern hat. Und wäre damals im Paradies statt der Schlange ein braves Schwein dazugekommen, wäre es nicht dazu gekommen, wozu es gekommen ist. Das Schwein hätte den unheilvollen Apfel der Eva sicher nicht angeboten. Es hätte ihn selber gefressen – aus lauter Gutmütigkeit.

Der verstimmte Elefant

Jede Mücke hat den kleinen
Rüssel, der so oft und gerne sticht,
auch der Elefant hat einen,
aber stechen kann er damit nicht.
Deshalb ist wohl unser Riese
leider immer irgendwie verstimmt,
grade so, als ob er diese
Schwäche seinem Schöpfer übel nimmt.

Arbeitselefanten in der Mittagspause

Wucherndes Glück

Ich bin ein richtiger Pechpilz,
niemals fällt mir das kleinste Schwein in den Schoß.

Dichter mit Leihpegasus

Mühsam erklimmt er das scharrende Huftier.
Platz nehmend hinter gewaltigen Schwingen,
klammert er fest sich an wehender Mähne,
startet mit trutziger Mähre gen Himmel.

Oben, in höheren Sphären, gebiert er dann
seine herrlichen Werke, entzieht sich damit
den Blicken der lästigen Menschheit.

Hat er genüsslich sein Opus beendet, landet
erleichtert er nahe der Wohnung. Schleunig
entfernt sich der wiehernde Vogel, denn
schon ein anderer Dichter harrt seiner – – –

An diesem Nachmittag kam Monet nicht mehr zum Malen!

Stiche

Von Dürers Meisterhand ein Stich
betrachtet, wirkt mehr »äußerlich«,
dagegen dringt, wenn Sie verzeihn,
der Mückenstich weit »tiefer« ein.

Man sieht hieraus, dass ein Insekt
noch mehr kann als der Intellekt.

Kurz vor Schluss

Schön ist der Wein, bevor er getrunken,
schön ist das Schiff, bevor es gesunken,
schön ist der Herbst, solange noch Mai ist,
schön ist der Leutnant, solang er aus Blei ist.

Schön ist das Glück, wenn man es nur fände!
Schön ist dies Buch, denn gleich ist 's zu Ende.

Die Heureka nahm nach wenigen hundert Metern direkten Kurs auf Amerika.

Dichter und Bauer

Es hat der junge Dichter
für heut genug gereimt,
drum löscht er alle Lichter,
legt sich ins Bett und träumt.
Er träumt von einer Mauer,
die ihm die Sicht verdirbt
und dann von einem Bauer,
in dem ein Vogel stirbt.